RENÉ RODRÍGUEZ SORIANO

Rumor de pez

medialsla
editores, ltd

SEGUNDA EDICIÓN

René Rodríguez Soriano

RUMOR DE PEZ

Premio UCE de Poesía 2008

MEDIAISLA
Juegos con lagartos
Kingwood, TX 2012

http://mediaisla.net

Segunda Edición: Agosto de 2012
Primera reimpresión: noviembre 2018

Primera Edición: octubre de 2009
Ediciones Universidad Central del Este
Impresión Editorial Gente
Santo Domingo, República Dominicana

ISBN: 978-99934-69-16-2

Publicado por: ***mediaIsla editores/lulu.com***
Correo electrónico mediaisla@gmail.com

Diseño de cubierta: **ELÍAS ROEDÁN**
Concepto y diseño de interior: **MEDIAISLA EDITORES, LTD**

El mar que es agua pura ante los peces
Jamás podrá saciar la sed humana
José Emilio Pacheco

A REBEL
A CAPRI
A JUPITER

Pez cera

Rumor de pez

Felpa azul

Yo no quiero respuestas o ladridos.
HÉCTOR ROJAS HERAZO

1

Presiento a veces que habito entre las torres,
que incierto y sacudido crezco hacia el vacío,
como luz de agua turbia, derramada

2

Yo tuve una amiga, una azucena, un gato triste,
una serpiente pitón, una bombilla apagada,
un pedazo de sed o una mariposa que murió

3

Un dardo herido o el veneno de los Borgia,
roto en el pelo de Lucrecia, alfombra voladora,
que se eleva hasta el piso cero. Nada
frente a la nada, contra nadie. Nunca.

Rising

Aquí en esta oficina
la tarde ronda gris por los rincones,
la lluvia enciende afuera el aspa tul de la nostalgia.
Adentro es otra cosa.
Un violín desafinado sopla en el baldío de los lápices,
          mientras la contadora, por enésima vez,
trata de recogerse el busto
        y nada.
Un cobrador maldice y rabia.
        Lejos, muy distante,
aquí en el lado izquierdo de mi pensamiento,
        una mujer espera.
Suena el teléfono y, al borde de la tercera excusa,
el compromiso no cumplido.
Vencida la cuota, la ansiedad de la tarde,
y ese bizcocho en el deseo, y la mujer que espera.
        El poema que espera,
la avellana que crece. Criba de luz,
una montaña,
una oleada.
La toda inmensidad.
        Un niño.
                El poema que nace

Torrente

A Mari Cruz Agüera

Uno

No se repite el río, no se repite el fuego.
Pero esa voz, caudal de arroyo y madrugadas,
vuelve en torrentes, vuelve y se incendia,
desenvaina la espuma, los sueños y la calma.
¿A qué has vuelto mujer, distinta luz?

Dos

Sucede que las horas andan sin compromiso,
que octubre luce abril. Sucede otro sonido
en nuestra música. Mojada de tiempo la llovizna,
hay más luz, nuevas vías. Sucede y acontece
que tú has vuelto

Tres

Pienso un nombre y lo escribo, pero no lo leerán; pienso que estás, que has vuelto o que los dos siempre estuvimos a la vuelta de un guiño.
Pienso que hubo una pausa. Sé que estamos.

Cuatro

Digo tu nombre ahora y entra por la ventana
en tropel la mañana. Me alegra que hayas vuelto,
son los mismos tus ojos, las mismas son mis manos,
como mismo es el fuego, la calma que precede. Dices
mi nombre y somos eso que siempre fuimos, la unión
de los contrarios.

Manual de vuelo

Vuela conmigo paloma hasta el fuego mismo
corazón de la tierra, empújame este ardor
que se acobarda en mis bolsillos,
dame tu sombra plumas
en este lento latir lúcido que se aloja en mis sienes.
Trotemos juntos más allá del palomar;
no dejes que se aoven mis anchas ansias
azules en tu pico; vuela conmigo, tranquila,
apacible y sin rodeos, en esta tarde
que anochece en nuestros pechos. Ven,
acurrúcame en tus alas de cielo despejado.

Estroboscópica I

Yo conocí que te quería en que me daba
con estar contigo a todas horas.
ALEJANDRO AURA

Cuando te despeinas
y disparas tu sétima sonrisa en la oficina,
azulea el otoño en mis cuadernos.
El instante, palpitante y solemne,
se cuaja de universos, orbita patalea,
se niega a ser balada canción o manuscrito.
No cabe en crucigramas ni en relojes,
pone en su puesto todos los colores,
los mapas y las autopistas.
Abre su surtidor de humo, espanto y papalote,
encumbra soledades por los parques,
          cafeterías y conciertos.
Todo viento, todo partícula de tiempo, se desgrana, me penetra, quilla el poema en su esquina más sólida y me enciende algo aquí, que no me toco.

Estroboscópica II

No es un poema inspirado
Costó días y más días escribirlo.
Eres un detalle en él,
eres el centro de la canción.
LEONARD COHÉN

Cae tu sonrisa tórrida sobre el pavimento de la tarde
una lluvia cósmica convoca uno a uno los duendes que
habitan la ciudad
los ícaros los jueces y los celentéreos se agitan
lanzan consignas tus poetas
sueltan las ruecas desmadejan sus versos más procaces
hay junta en las colmenas
la miel puebla los vientos la música los púlpitos
y las secretarias se amotinan vacacionan
las fábricas y los ayuntamientos en verde
los semáforos dan vía franca al instante
todo sucede y nada
cae tu sonrisa recurso supremo
que suelta los perros del deseo[1].

---

[1] Tomás Hernández Franco. *Yelidá*: «Buscaron a Ayidá-Oueddó que es la que pone | a arder la lámpara roja del estupro | la que en el hondo vientre de cueva del bongó mantiene | las cien serpientes locas del dolor y la vida | la que en la noche de Legbá suelta los perros del deseo | la que está partida en dos mitades por sexo infinito | maestra de la danza sagrada para llegar hasta ella misma | domadora del grito y del espasmo. Buscaron».

Cuando se calló la última canción en el casete

Me quedé sordo en la flauta de un suspiro,
el cigarrillo fuma su más gris felonía.
Apagado el aire, el espacio,
tu sonrisa moja de luz todo el recinto.
Me quedé flauta en el suspiro de un sordo.
La melodía sin tímpanos del vaivén,
el olfato del tacto, tus muslos,
jadeo punteado, arrítmico;
me quedé suspiro, sordo como una flauta,
rasgueando las corcheas, las fusas, semifusas;
tus senos en mis manos, tiempo y sonido
confundidos; me quedé sordo, flauta y suspiro:
tú, pródiga en arpegios,
yo, a mi aire en tus aguas

Marco teórico de la soledad

Que una soledad se encuentre con otra
en un texto impreso en circunstancias
anónimas, tiene al menos la nobleza
del mito de la botella al mar.
Gabriel Zaid

La soledad no está en las calles ni en los parques
ni en la ciudad deshabitada
ni en este cigarrillo que se apaga;
no está en el sopor de las estatuas
ni en los colores que nos gustan
ni en las canciones desoladas
ni en el clavo sin marco en la pared;
no está en los gatos ni en los puentes
ni en los absurdos pasadizos del silencio
ni en el motorista que casi me atropella. La soledad
está en nosotros, azuleando el poema, pastando
en nuestras fuerzas, crispándonos la vida.

Ni tanto huele la flor

Ayer creí encontrar entre tus cosas
un cuaderno cifrado de ternura
y me perdí en tus símbolos sin muérdago,
náufrago en el brillo de tus trazos, vano imán,
raído carmesí de parquedades,
zonas oblongas, carcomidas, oquedad del vacío,
la mustia carne que arboló de azul mi otoño gris, trans-
parencia de albatros y armaduras, parvularia alegría,
naufragio carrusel de colcha espuma.
Han vuelto a su nidal los avechuchos
y ese olor de piernas perseguidas
y el sexo, nada en fin, las hojas amarillas,
el lugar común o el pan, que sabe a todo,
menos a pan.
El instante quizás valió la pena,
una página más hacia la izquierda

Embrujo de pájaros

Te escribo ahora
y es como si pusiera tu nombre en esta rama
que se deshoja, lidia tu ausencia con mi sed
y te aparta los verbos y los tiempos como
si correteáramos esdrújulos, descalzos
por el parque, desgreñados desde tu ojo
de cigua palmera. Me espanto
y te espanto con el cigarrillo apagado entre los dedos.
Te escribo ahora
porque en el pasado no estaba permitido,
personaje de mis sueños; como si estuvieras
con tus manos de espigas y esa sonrisa ñoña, bizca, con
el muñón de un ala en la ventana desgarbada
        de par en par.
Te escribo ahora
y es como si lo hiciera desde siempre, siempre
que te me sales de la línea, desandas mi alfabeto
con tu nido en picada, encimada en los cauces,
ajedrez sin tablero, gaviota en rompeolas, amar
sin guardafangos; no sé por qué te escribo,
        no sé por qué esta pausa.
Quizás porque amanece hace frío desde adentro
del sábado y sopla mi memoria paisajes de tu cuerpo,
tus cabellos y tengo miedo

Fase trópica

Si te escribiera escribiría nuevas escrituras
pondría los verbos a disposición de tus manos
el sujeto el predicado y el sentido completo de la oración
la frase o tus latidos ejes semánticos núcleo
razón de ser si te escribiera te escribiría dedo adentro
un alfabeto luz de tu alma sed de tus labios muñón de
versos perdidos en tu pelo
y en tus latidos si te escribiera
si yo escribiera te describiera

Palabras para recibir una llamada

Nunca pensé que detrás de la fuente una mirada
me apartara la fruta de unos labios,
la sonrisa más limpia, el mordisco sin guiño,
el beso más audaz de caramelo
y la más cuerda locura en un segundo.
Yo sólo estaba allí, sin ver que estaba.
Mansa lucía la tarde hasta el instante
en que unos ojos, desde el centro del agua,
trizaron mi alfabeto y mis fronteras,
me golpearon de luz y picardía,
haciéndome nombrarte, sin nombrarte.

El color de una mujer

Una mujer es del color
del grito
que la parte en dos

Tantalia

Una mujer en la arena no sabe a sal.
La noche, en su humedad de sombras compartidas,
muda desnudez, alud de amarres,
aguaclara a contrarritmo,
voces de susurros que se pierden en encuentros:
mujer
        arena
                playa
Toda palabra es un silencio, todo silencio una palabra.
Un barco que viene o va. La arena en la mujer,
las manos, la piel.
Una mujer en la arena, territorio de luz,
arpa de contracciones,
un castillo para construirse y destruirse,
tantas veces cuantas, la noche, el mar, la infinidad
y la mujer, prolonguen el poema

Ícaro a tientas

Cuando me desaguo en tu recuerdo,
vuelo en tus brazos y vuel(v)o a nacer
aladamente en el territorio de tu abrazo,
sol que derrite la cera de mis alas,
con las que vuelo hasta tus brazos donde me pintas
como me recuerdas que soy en tu recuerdo.
Alado y libre en la pared del aire tuyo,
partícula de nada, floto flotando, casi yo,
el que nutre tu recuerdo de ser yo.

La cero uno

Tiene de miel los decibelios,
un pantagruélico espín en la palabra
y un do de pecho en el momento mismo
de la eterna sonrisa —que imagino.
La cero uno, me sacude un recuerdo
que olvido a cada instante y que saco a pasear
sólo los jueves. No la conozco aún, pero ¿quién sabe?
La cero uno toca esa melodía para soda y tocacinta que
nos mete de pronto en las glorietas.
La cero uno me adormece el teléfono con su flauta afinada, su si bemol de voz amiga que,
aunque no se conoce, entra y se sienta hondo
dentro de uno, mientras pulsa tranquila las teclas
que dan paso al peldaño fragante de tu voz

Vuelvo al poema y enciendo aquella lámpara

déjame prender las veladoras de tus pechos
permíteme flotar entre tus piernas
concédeme la gracia de enrojecer tus labios
no me abandones virgen de medianoche
F. HERNÁNDEZ

Deja que te diga melón o mandarina,
que te frote papel mojado, caramelo
perdido entre tus piernas, ahogado
en tu pelo, bajel sin velas, aroma navegable;
deja que se agote la canción, no hace falta más luz,
las fusas semifusas y tus pechos filtran
la melodía necesaria: noche llena de tonos
y vaivenes.
Déjame que me pierda,
déjame que me encuentre, náufrago entre tus aguas, lle-
nas de peces locos, mordidos por las olas.

Callado rumor

Si ocurriera que a esta hora donde estás,
oyeras lo mismo que yo,
sentirías que mi boca te arropa con su tropa de violines,
dueños del aire
(ahora suena un violonchelo, ahora un piano);
sentirías cómo también mis manos van
del piano al violín, a tus caderas.

Mientras oigo a Herbie Hancock,
tocar a Gershwin (*Lullaby*),
un piano se pierde entre tu corva y tu tobillo
y mis manos te tocan y ese piano dibuja
lo que mi lengua no dice y hace con la tuya
o lo que mi dedo busca en zonas donde, pez cautivo,
pez deseado, vuela y vuelve y vuela,
y es mi lengua, en mil traspiés que se aleja
o se acerca, como los dedos sobre el piano
que se pierde en un arpegio, suave
silabeo de dos o tres corcheas.

Pierdo mi yo en tu pecho, digo tu nombre
y, en tropel, los chelos me hacen coro:
dicen tu nombre, dicen tu nombre.
Mientras presiento (casi la prefiguro cálida)
sigilosa y desnuda, la mariposa loca de tu aliento,

un pentagrama todo de jadeos, abierto,
para que, lleno de música,
        me aloje dentro, tan adentro...
donde no llegan las palabras,
lugar que alberga los silencios y los rastros
de los besos sucios de mí, sucios de ti.

Besos o dedos que piensan y te escriben,
te tocan, te describen y hacen de ti un dibujo a lápiz, tenue, frágil, transparente casi, como tu boca
ausente que lo puede todo, con nombrarme.
A mí que ya no soy desde que no me nombras;
no soy si no he nacido entre tus piernas
(para morir todas las veces que volveré a nacer
naciendo desde adentro de ti).

Nómbrame con tu boca de besarme,
con tu lengua que salva del abismo los caballos
inmolados en las mil inútiles batallas;
lazo que se sostiene en pie, como torre
que no habrá de caer (*desparramándose hacia adentro*[2]).
Nómbrame para ser yo, después de ti, quizás enigma,
álgebra o las infinitas fórmulas del confín de las cosas,
que sólo en ti se esconden y desde ti se encuentran,
si ocurriera que a esta hora donde estás
        oyeras lo mismo que yo

[2] Fayad Jamis. *Fuente de la palabra*: «Una fuente desparramándose hacia adentro, | hacia afuera, balazo en el alba, noche | desgarrada por fuegos artificiales».

Antipasto

Sobre una servilleta pueden leerse historias
deshojadas mil rosas entrampadas
sueltos los pebeteros de las penas sin fondo
ahogarse los sueños sobre una servilleta caben sueldos
befas y al aire canas pretextos
lo que nunca se cumple
lo que nunca se paga entradas con quisiera
platos fuertes diversos hastíos para el postre
números telefónicos manías timideces veremos
yo te llamo déjame que te diga sobre una servilleta
los poemas se asilan
desperdicios

Ciega sed

Mondo esta mandarina
tan pendencieramente que me desaguo.
Sensores de jugo me asignaron por dedos.
Y corazono. Murmuran que corazono.
Sís-diás-tole, sin mente. Tentáculos atenazan
mis dedos en su sed desbocada. Y sorbo
el agridulce zumo, frutal, jugoso. Talo decires
como relojes en la hora del nunca jamás. Goteo,
bañado en los alambres de la guardarraya,
noche y día. Seco y sacudido, esmerilado
en el azogue tambaleante del estanque.
Siempre de regreso, invisible materia. Existo
tan silenciosamente que me destilo.

Pones en entredicho muchos versos

Aquellos dos por ejemplo a la izquierda del roble
(también podría llamarlo almendro o araucaria
gracias a mis lagunas sobre Pan y Linneo)
hablan y por lo visto las palabras
se quedan conmovidas a mirarlos
ya que a mí no me llegan ni siquiera los ecos.
Mario Benedetti

Nunca supe
hasta que te diste media vuelta para irte
que tenías el más perfecto de los traseros.
Leonard Cohén

No fue para mirarte a los ojos
ni para comentar la película de anoche
que me detuve así tan de repente
en una de las calles del Centro Olímpico.
Y, aunque me fui muy lejos, adentro,
con los ojos clavados en aquellos dos sobre la grama,
saqué mi conclusión más contundente y acabada:
para saberte a ti sin desperdicios, no hay que esperar a
que des la vuelta; no hay que acudir
ni a braille ni al botánico, sólo apagar la luz y desnudarte.

Almario urbano

A Miguel D. Mena

Desde esta altura, la ciudad
echa una pava de empleado público.
El viernes se maquilla en las coquetas secretarias,
que secretean en los pasillos, transan
o rechiflan a los visitantes que…
Disienten o consienten. Un tributario
entra y te aborda; otro lo desconsidera
y uno no es uno ya.
A esta altura de la hora nadie recibe a nadie:
el funcionario corre a palacio,
el ascensorista en ayunas apenas dará otro viaje
y la conserje, apurada en el cobro de unos números,
no está para brindar café. El lunes será otro día.
Se fue la luz y el ascensor, ahora entre el quince
y el dieciséis, ¿qué hacer con la poesía
y el discurso entonces?

Esta noche pasan un documental sobre la Antártida en el trece

No quiero que te pase a ti.
Espero que llena de algas, de peces,
de arrecifes de corales, me puebles, superficie.
No quiero verte en boletines ni en museos.
No quiero oírte en conferencias ni en la radio.
Ansío todo, menos eso. Espero verte con mis ojos su-
cios de la ciencia de tu cuerpo, alquimia de mis rabias.
Espero verte sal. Olerte sol. Quemarme con tu risa.
Con tu ardor. Con tus vaivenes. No quiero que te pase.
No quiero verte hundida. Ni quiero vertelevisión

(B)alada azul

Eva como Adán nada como ave
se pierde en el azul finito de su vuelo
la mariposa se dibuja en cada pincelazo de alas
y yo me monto en su cromática de ensueño
        y a lápiz surco el aire,
hilo de la canción, nítida estela.

Cortaziana con lluvia y chocolate

Si una mujer te invita a un chocolate espeso espumeante
al insinuar la tarde con mar de albaricoque al fondo
y tú no sabes si mayo o la mujer si la mujer si lluvia
todo poema prometido es una mandarina esdrújula
un voto en vilo un niño mudo en pleno parque
una acuarela sorda o tres cerezas tristes en un trípode
melódico mordaz y el chocolate o la mujer y el chocolate
o la mirada que se filtra por la tarde entra por el teléfono
se derrama indiscreta por las piernas de azúcar
dice algo sin decirlo la lluvia la mujer el chocolate
o el poema quizás el poema tal vez la tierra prometida
o volver a empezar hasta que salga el poema la lluvia
el chocolate la mujer o

Una mujer con su perro

cruza la cruz del sur para escribir mi nombre
en el ala de una mariposa

azul la mariposa
deshila mis contornos
rehíla la esperanza de mi sed
al borde de sus labios

Versainoplasma palúdico para Lily Monster

Usted madam me llega al sótano
con la navaja de sus ojos
me deja huellas muy parcas en el plasma
me provoca estornudos en el cine
y hace que se me escape escaleras abajo
esta vieja pasión que se me pudre en los riñones
y el cerebro

Usted madam está en la inopia de lo que afuera acontece
anda muy distraída con el bobote de Hermann
los niños y los suegros
usted no sabe nada ni se da cuenta de
que en una isla del Caribe al sur de la Florida más preciso
alguien soltó su taparrabos para freír marines en su salsa

Retozo de nube

Déjame quererte
de una forma desquiciada
pero muy cuerda ahora
y en la hora de la lluvia amor

Freudiana con llovizna y alcanfor

En el centro de la lluvia
        giro en gerundio,
sereno y solo, seca lluvia,
        mojada;
luz trompo sin freno,
casi yo, a punto de
c
a
e
r

Usos horarios

Los relojes, como las arañas, a su paso,
tejen nublazones y maneas. Las arañas
van de un naranjo a otro naranjo
sin desgajarse en horas ni fracciones.

Los relojes, en cambio,
¿para qué diablo sirven los relojes
cuando uno se busca y no se encuentra por las avenidas
del deseo? Sobre todo, si desteje una canción
como trompo o cometa que se encumbra y rueda.

Las ventanas

son torpes artefactos
con marcada predisposición al vuelo
y al bailoteo de los elefantes color rosa.
A diferencia de los tomates, peligrosamente
tentadores y rojísimos, sufren delirio de introspección
y constantes dudas esquizoides que,
como el ojo, tienen la propensión a interferir
el libre tránsito de bolas, piedritas y aves mal orientadas.
Sin color sin olor sin norte y sin bandera,
deshojan lirios en vez de margaritas
y llaman a salir antes que a entrar.

Cercana lejanía

Una mujer imanta el aire,
violenta leyes y razones con su paso,
deambula de remate por vadear el río.
Se rasga el velo tul que envuelve su velada timidez.
Y en tropel, entrecortados, flecos vivos de pasión
y ardor salen de su camisa; asaltan el aire,
la mañana que se acuna en los vanos del río
a enjugar la música desmesurada y frenética
que se cuela por las celosías,
          cuando ella incendia el río.

Freudiana con llovizna y *mentholyptus*

Me dejaste solo
con la lluvia
sólo
con la lluvia
me dejaste solo.

Nota al margen de su lengua

Que se entienda,
no hablo de ningún tratado,
de ningún volumen. Hablo
de ese animal terrestre que habita en el cielo de su boca.
Ese animal perverso que santifica mi nombre
y mis latidos, ese animal sin nombre que si me toca
me hace nacer sin lengua en el lenguaje de su cuerpo.

Redefinición de la función de las cosas

Que pierda el pan el gozo de sentir, lascivo el roce
del cuchillo de cortar el queso o, confundido
en un vaivén de piernas, el mantel descubra
su lujuriosa condición de sábana, sedosa y muelle;
el piano nunca más ha de sonar igual que aquella noche,
en que tus manos delante de mis manos, instauraron
redondas, blancas y tan silenciosas armonías
en la negra espesura de su cuerpo.

No estoy pidiendo la Vía Láctea

Ah

Dame una estrella sola tu sonrisa fugaz tu mano
mohíno el abrazo no quiero nada más
a no ser que poses tu ala en mi vuelo y tritures
macerándola hasta la enésima potencia
la más absurda de mis penas nada más
y después tú toda agua en mis angustias desvanecidas
cabalgo contigo a altas horas nada más

Ve

Intenté meterme en la mañana para verte,
su capote de llovizna me paró en seco.
Quisiera recorrer tu cuerpo como llovizna
cuerda de locura, perderme contigo y no encontrarme
jamás en otras aguas; quisiera regalarte
esta mañana extraña y abrazarte
hasta que lluevan ángeles, corceles y azucenas;
lloverte ardida, encarecidamente y sin paraguas
a plena luz y a toda sed.

Es más te regalo esta mañana loca, jugosa como
mandarina, ausente como tú.

SÉ

Las musas ay las musas de los poetas
creo que de cera o de alabastro frágiles
como esquirlas manuables transparentes
y translúcidas como monjas en clausura
ascéticas patéticas y almibaradas ay las musas
las musas qué grises y apelmazadas lucen hoy
ya no quisiera una para mí
qué va te prefiero como eres en tu salsa

DÉ

Si pudiera soltar los dedos dejarlos volar
por este agreste pavimento y decir sólo decir
el musgo en la pared
del agridulce azúcar unos besos
hacer toda la vida aquello que te gusta
        el musgo en la pared
        rojísimos labios azules
        adiós de cuarzo
        osmio de cariño
la llamada en el teléfono pendientes las promesas
los abrazos volver al poema retomar mi nube
soltar los dedos y dejarlos volar
flotar
      flotar
            flotar
si tan sólo pudiera si pudiera tan solo
solo en mi soledad
el musgo en la pared en la pared
                                        la espera

Eh

Quisiera tener una bicicleta
una bicicleta anaranjada
o tan sólo una bicicleta veloz
sólo veloz para perderme en las tardes de tus ojos
rodar y rodar manisuelto por los pasadizos de tus sueños
una bicicleta torcaz sórdida y bufa
una bicicleta para pilotarla a mis antojos
para visitarte por las noches
para llenarte de piruetas
una bicicleta quiero una bicicleta

Indómito pez

¿Cual dios, cuál pez excomulgado
en las azules furnias del olvido,
minó el sedal de tu voz,
menguó la daga de tus labios
que ya no me nombran?

Algo se quedó allí

Cuando avanzaste así, sin garbo y gracia ya,
y recogiste la moneda,
hubo un crac detonante que agrietó en cualquier punto
las Murallas de la China, y aquí, cercano a ti,
en la caja del pecho, se me estrujó una pena que,
a escondidas, sin permiso, y a la franca,
        anduvo en tus recuerdos.

Los años pasan, la carne cede. Zumban
sin ritmo la seda, la marisma y el gastado tacón
de los zapatos de antes.
        Un, dos, tres.
Sucio el rojo es menos rojo para la sed
que no se sacia tras las cayenas del Congreso
        ni en la bolita del mundo;
más allá de El Pony trota la ciudad
y otras urgencias acosan a los marchantes.
        Un, dos, tres.
Tienes que mostrarlo todo, ofrecerlo todo
o en instancia suprema, mendigar las monedas

Mojada reincidencia

A veces yo presiento que la lluvia, con su torpe aleteo,
es asunto de Estado que viola
sin recato mis resquicios de tiempo.
En cambio esta mañana,
envuelta en su ropaje de niño en patio grande,
ella irrumpe rebelde y juguetona,
se cuelga de las ramas, deshace el diccionario,
zarandeándolo todo, empolvando de lluvia las casas,
los cristales y el país. Me asalta transparente,
hace añicos la luz que apenas filtra
por el trozo de día que comienza.
La lluvia es una chica de suelta cabellera
que anuda en su carpeta de colores canciones
y recuerdos y un ansia de caldo y carne
que presagian tormentas, vaivenes y una calma
que se duerme en los cauces de tu cuerpo desnudo
a flor de cama

Borrador nervioso para ensayar un bolero

No sé tú, lo que soy yo no cuenta.
Tengo un dolor muy agrio en un paraje
cercano de las lágrimas. Y pienso que sin vino,
en estos días sin bordes, tu ausencia duele adentro,
donde duelen de veras malheridas las penas.
No sé, quizás tú sabes, la justicia es un arte:
tiende trampas y argucias.
        Me llevas y me traes por caminos sin rumbo;
marioneta en tus manos soy yo cuando tú dices.
        Arrullo entumecido, melón rampante y curvo:
vayamos a una cumbre,
arreglo que despeje de incógnitas el álgebra
que descose las almas

Fe ciega

Sé que mis manos fueron
una prolongación de mis pensamientos,
que recorrieron costa a costa las tardes
        de tu cuerpo,
para hacer silencios
con la flauta lila de tus ganas

Fiat voluntas tua

El vino sabe a tardes perdidas en tu pelo
y un guiño de tus ojos pernocta en mis recuerdos.
Muñeca despeinada pulmón dormido al aire,
dime algo que me enlode penas y desatinos;
desnúdame la estancia de esta alma descosida,
tú que sabes las teclas del piano de mis huesos
y desandas sin tino los patios de mis noches,
tú que endulzas las uvas y maceras mis duendes;
mírame que te miro desdibujada y múltiple;
sacúdeme los trapos sonoros de este llanto,
escucha mi plegaria maculada y sin flema,
diosa y serpiente bufa, torre de esperma y nubes;
apiádate de mí, reina y señora de los desvergonzados

Para decir adiós

Cuando vuelvas
enciende todas las velas
sobre mi pecho abierto
MARTHA RIVERA

Trenzan mis dedos chorros de azul,
estrellas palpitantes, voces
suspendidas en los herrajes del silencio.
Árbol de sombra y mediodías, una mujer de rojo,
nervioso enigma de la luz, ida soledad del hasta nunca.
Una mujer de rojo es un ayuno, fruta tierna
que menoscaba la hora en el reloj, desarma
las ventanas y las celosías a su paso.
Qué llenura de vacío queda latiendo

Olvido un poco todo lo demás

olvido los silencios, olvido los olvidos.
Puedo olvidar, si así lo quiero, una que otra canción
y hasta, al descuido, cualquier mirada descubierta.
Olvido el mar, el cielo de los jueves y el sombrero
de plumas, si me apetece y, si pudiera,
el libro azul con tus poemas.
Olvido el cuadro aquel, travieso el aire y su niñez
y las promesas indecisas, eternizadas en las ruinas,
las palomas y el casete. Olvido,
olvido todo cuanto sea preciso.
Pero no olvido, y esto no es juego,
iletradas mis manos en el diccionario ilustrado
de tu pelo o mis ojos perdidos, simplemente....
Olvida, no se puede escribir
al borde del abismo si uno no se ha lanzado aún
y no conoce, a fondo, el vértigo que pende
en el vacío o el vacío de caer
desde tus brazos hacia el olvido.

Sed de pez

Tu seno izquierdo navega hacia el olvido.
ENRIQUILLO SÁNCHEZ

De tu silencio a mi silencio hay un abismo.
La angustia es un puente con las vigas rotas.
La sed, un cántaro ciego y al desgaire río abajo.
Un pájaro sin rumbo vuela la noche honda.
Mudo y sordo un pez se pierde en la comisura
de tus labios.

Yo no soy si tú no me nombras.
De mis labios a tus labios hay una historia.
Un cuento que termina en la palabra
misma del comienzo.
De tu silencio a mi silencio hay un reloj.
Una aguja que se clava en el silencio adrede.
Una daga herida por la ausencia de tu luz.

Mojado adiós

Me gustaría que mi amor muriese
y que la lluvia cayese sobre su tumba
y sobre mí, paseando sobre las calles
llorando por la primera y la última
que me amó
Samuel Beckett

Llueve
la brisa silba en un cristal
un grillo afina su canción
el filo de la noche crispa las horas
la lluvia moja un adiós
todos los colores menos uno
todos los sonidos menos uno

Una lágrima trisca viene y se cae
se puebla de amarillo el poema sólo un sonido

Llueve
        y en mi albergue de dudas
de miedos ancestrales se estrella tu adiós
y yo cobarde me pregunto
                                        me dejo ir
                                                    te dejo ser

Oso a la bruma

miro hacia fuera
sé que no estás afuera
porque adentro
laten pájaros
y canta un clavel
la esencia de tu ausencia

Passion Fruit

No es el color lo que maquilla al cielo
no es el sabor ni la promesa
irse volando por los dedos del aire
ni es desgajarle a la acuarela la sonrisa
del pez que danza en las baldosas de las aguas
donde se advierte abierto el nudo del deseo
pasión que hace girar las aspas y el diafragma
los mediotonos que dan cuerpo y dan forma
profundidad o luz que agrede el ojo
ser o no ser cuando se es nada
en la otredad ir o venir por el sendero
desdibujando el amarillo
lavando un sol que tiñe mandarina el mar
en cuerpo a cuerpo que lo dice todo
será la fruta prometida la tierrita
será la carne ebria estremecida
otro lenguaje que no tiene lengua

Augurios y presagios

Era una nube extraña con garfios en las mieles, una nube sin nimbos sin cirros sin espantos; yo la abordé hasta el alba con todos los pedales, como se entra en las nubes con garfios sin espanto. La perdí una mañana o una tarde de marzo con la niñez sin trémulos, con la chichigua en banda; la perdí sin gendarmes, guarnecido de espigas y anturios en los pasillos, como sé que se pierden, sin nimbo sin espanto, las nubes imposibles. Se fue con la cordura de mis uñas en sus resabios. Aceleró la lluvia de mis penas y me dejó en la esquina sin bandera, varado en los acentos, como dejan las nubes sin cirros sin espanto.

Ahora rielo en la bruma podrido de la pena por una nube ajena y en mis flores no liban fugaces sus espasmos, ni en mis dedos cabalga aterido el recuerdo; no estornudan sus duendes por los viejos senderos de la niebla. Curado voy de espantos, ya aprendí que las nubes, a veces cuando vuelven, con garfios en las mieles, nos perfuman de ausencia, desandan escaleras, espantan las acacias, se van a contramano, con garfios amarillos, náufragas del olvido.

Entre tus piernas

hay piedritas y otros microorganismos
tan peligrosamente diestros
para conjugar *el verbo arena*[3]
con tu talle mi plexo y tus caderas

entre mis piernas no querida
entre mis piernas no se escribe
se describen los decibelios de tu grito
los desniveles de tus ojos
o el dulce canto de tu voz
cuando describe des-lee
desdibuja y dice mi nombre
sin sentido
desgonzado y gozado

---

[3] Pedro Mir: *Cita marinera con una mujer imaginaria.* «Algo como un naufragio oportuno | se estremeció en nuestras venas | y apagando los ojos y arrastrándonos | conjugamos de pronto el verbo arena».

Vagas palabras para un adiós

Rueda el carrito desbocado.
Riela y se desmadeja al final del patio,
        sin ruedas ya no intento hacer el poema.
La tarde muda sopla una canción desafinada.
No tengo letras lúcidas en el silabario de mis penas,
el patio está muy solo, le lloran ráfagas de azul.
No se puede escribir a esta hora, vacacionan los niños
y, fuera de su eje, la cabeza de Jimi
ya no mira hacia atrás. Duerme
en el ojo la aleve abulia de un inocente adiós.
La lluvia ha de borrar la identidad, la sangre
de la llanta, la cobardía sin tregua del que huye.
La lluvia muere a sorbos y es muy triste
escribir cuando se ignoran
las dimensiones y el color del cielo prometido
        de los perros

Es que es mayo y llueve[4]

Algo está sucediendo que mueve a reflexión y análisis.
Me estoy volviendo irremisiblemente borgetariano.
Me encanta esta *lluvia minuciosa*[5] que me ciega
los cristales, invita al chocolate, al trago compartido
o esas cerezas rojas en el patio, La Lupe
en el casete, el atardecer —al doblar seno izquierdo en-
tre malecón y unas caderas turgentes—, el sazón,
la salmuera, salvoconducto al desenfreno...
Ojalá el presidente decrete imprescindibles
la llovizna en la tarde, tus muslos en mis manos,
laberinto sin fondo

[4] Máximo Avilés Blonda: *Llueve y es que es mayo, dulce Señora.* «Llueve este mayo, | llueve este mayo tan fuerte | como inmenso rosario perfumado | de azucenas y nardos y de amarillas copadas, | llueve este mayo con moradas extrañas | y verdadero sabor | a bendición de trópico».

[5] Jorge Luis Borges. *Lluvia*: «Bruscamente la tarde se ha aclarado | porque ya cae la lluvia minuciosa. | Cae o cayó. La lluvia es una cosa | Que sin duda sucede en el pasado».

Overtime

A esta hora la poesía no pulsa en los relojes
ni en los escaparates ni en las lámparas,
a esta hora exactamente detenidas las esferas
(tú en tu cama), no se puede hacer poesía...
Poner orden a esta hora, poner la vida en cada punto
(sobre la mesa quedan rastros de tus formas),
sobre la mesa llena del vacío que dejaron los cuerpos
(yo casi tú, adentro), temblor que es el poema,
sobre los papeles y las cosas, casi una ráfaga,
casi un disparo, muda memoria que jadea
en el teclado y más allá, entre el caer y el no caer,
si acaso, tus aretes junto a la copa
que derramó la noche en la oficina.

Tribulaciones de Ulises

El minotauro existe
porque bebí en tus pechos ardidos el néctar del deseo,
lo sé por tus zapatos marrones anacrónicos,
marinos como mi alma que naufragó en tu talle.
Lo sé por tus pupilas, lienzo dormido al alba,
nautas del olvido con un duende azabache,
que transita distancias más allá de la nieve.
Asumo al minotauro, embriagado en tus aguas,
mariposa imposible. Cómplice a toda vela,
yo voy porque tú vienes, miel tibia, leche en ciernes,
pajarita perdida, desnuda e incendiada.
Bestiario que conservo intacto en mis papilas,
manjar que almuerza mi aire, mi fuerza y mi elemento.
Alter ego que oteo en mi astrolabio absurdo, mitología
inversa, telar que se deshila
en la acuarela de mis uñas. Espejo en que me miro,
travestido, en mi espera

Ícaro a trote

Después de ver *tu voz tatuada por mis besos*[6],
de oír la luz que posa en la ventana de tus ojos,
soy y no soy jinete de tus sueños, surto
en la silueta dulce y cálida de tu aliento,
dueño del mundo, timón alado
cuando me nombras por mi nombre
          y remontas vuelo viajera golondrina

[6] Jorge Boccanera: *Esa fotografía que nos sacamos una vez*: «Después, | yo me quita el barro de las botas | y regresaba alegre a mi fagot | mientras mi voz tatuada por el viento volvía a los sustantivos de costumbre».

Pospenélope

En la acuarela de la tarde,
desbandados colores esparcen formas,
un lenguaje antiguo transfigura mi recuerdo y estás
aunque no eres la misma de hace mil años, para-
da en la ventana de mi ser. Estás
parecidamente a ti misma, aunque no igual. Tú misma
sentada en el parque, tejiendo y destejiendo,
esperándome con el pincel de tu sonrisa,
en puntas, bailarina

Otros títulos de René Rodríguez Soriano en la colección Juegos con lagartos

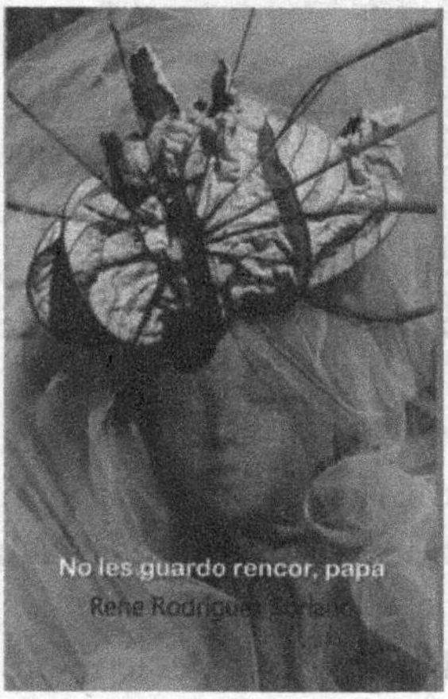

Como ya es habitual en los textos de René Rodríguez Soriano, la musicalidad de su prosa y ese ritmo sutil y vertiginoso con el que va envolviéndolo todo, en *No les guardo rencor, papá*, de nuevo nos invita a vivir momentos y lugares que, aunque por circunstancias de la vida, estuvieran lejos en el tiempo y el espacio terminarían pareciéndonos tan cercanos y nuestros, como si hubiéramos estado allí. Como en un fresco coral y a viva voz, un niño de esos que sueñan despiertos y ven más allá de donde la gente normal alcanza a ver; una joven que desde hace tiempo puso a buen recaudo sus muñecas y su cajita de música; y un joven que, junto a otros de sus compañeros universitarios, siente que fuera de los libros late una nación, un pueblo, un sentimiento que está a punto de develar las garras de la ignominia y el oscurantismo, dan carne y alma a una historia que lo desestabiliza todo y se cuenta, a la vez que denuncia y anuncia nuevas formas para contar la historia de una historia.

Canciones rosa para una niña gris metal, un libro que, como objeto, pretende convertirse en símbolo de admiración y encanto; poesía que se enloda en las melodías y el sentir de las canciones que han llenado todos los tiempos. Bolerización del poema o poetización del bolero en su más cálida y dulce metáfora. Un libro donde las canciones, las viejas fotos, la lengua y el lenguaje se encuentran y se enfrentan, cuerpo a cuerpo, en los vastos territorios del amor.

El mal del tiempo, como el paisaje que describe, es un concierto lleno de contrastes, donde la música, el sol, el color y cierta magia del Caribe son parte sustancial de historias que, de tan ciertas, nadie puede creer. "Lo que atrae la atención en *El mal del tiempo*, retiene y subyuga al lector es justamente la energía, el dinamismo, la fantasía crepitante del lenguaje que arranca el texto a la nostalgia —la «niebla» desrrealizadora—, al sentimiento de malestar, a la rabiosa desesperación e impotencia que tiñen tantas páginas". **Maryse Renaud**

Pas de deux deviene en algo así como el verdadero placer de la escritura en su máxima expresión, y a cuatro manos; un libro para gozarlo a plenitud y leerlo todas las veces cuanto el lector y el placer quieran darse la mano. Hace unos años, Ramón Tejada Holguín y René Rodríguez Soriano, conmocionaron el ambiente literario de su país, República Dominicana, con una serie de relatos escritos a toda complicidad y a cuatro manos. Hoy, finalmente, sale a la luz un volumen que reúne todos los relatos con los que el famoso dúo tomó por asalto los más importantes concursos y espacios de su tierra. Más que un libro de relatos de Ramón y René, Pas de deux es una sinfonía que asalta sin decoro todas las esquinas de la tarde y de las plazoletas, y se expande y se con-funde con las lilas, los geranios y malvones; invita a bailar o a quedarse o a salirse o a perderse dentro de cada uno de los acordes y los silencios, sobre todo.

René Rodríguez Soriano es, por encima de cualquier otra cosa, un cuentista. Por este motivo recopilamos estos cuentos que son representativos de una obra más amplia, de una forma de contar impoluta. La dificultad al escoger cuáles textos llenarían las páginas *Jugar al sol (más de 13 historias de René Rodríguez Soriano)* residió precisamente en esto: no se escogieron los cuentos atendiendo sólo a su calidad formal, puesto que debimos entonces escogerlos casi todos, sino a su representatividad, a que transmiten una idea precisa al lector de una forma de narrar, la del autor, placentera antes que nada en la forma, independientemente de la historia que se cuenta. **Máximo Vega**

Las pérdidas y los desencuentros son los ejes fundamentales sobre los cuales se balancean, debaten y argumentan los personajes que cruzan de un lado a otro el apretado y vasto mundo escritural de Eduardo Lantigua; autor que, con apenas tres libros publicados —dos de relatos y uno de poesía— ha logrado concitar la atención de un selecto grupo de lectores conscientes de haber descubierto una veta, un filón singular de invaluables quilates. Y de eso, con el más absoluto respeto por las palabras, es precisamente de lo que trata este libro: leer y compartir hasta donde nos sea posible las luces y asombros del arduo y callado trabajo de un autor que, en un selecto número de páginas, ha querido legarnos una especie de manual donde el rigor y el placer nadan y se dan la mano a toda luz, a su aire. Mejor título no podría tener un volumen que tuviera por propósito esta labor, *Eduardo Lantigua, una lectura inagotable* es hija de esa pasión a la que sus textos nos convidan.

Si algo distingue a René Rodríguez Soriano es su capacidad de ser lector. Sus primeras lecciones las aprendió con su padre en las honduras de las aguas. Con su madre en el huerto de suspiros que tejía cada día. En sus recorridos por ese pueblo mágico, llamado Constanza, en el cual nació y creció viendo pastar el ganado ir del yaragual a los geranios. *Letras vueltas*, como su título lo indica es un viaje fascinante por el mundo de las letras, de la literatura. No es un libro de crítica; es la aventura de un lector que, sin poses y sin recurrir a interminables listados de fórmulas y términos académicos, comparte sus hallazgos, sus asombros. Un libro para leer y compartir lecturas y asombros.

El libro que tienes en tus manos próximamente cumplirá cuarenta años de haber sido escrito. En esa época (1977), su autor compartía la escritura con el mundo publicitario, el cual llegaría a dominar a su antojo. René Rodríguez Soriano, nos convoca a recordar sus primeros textos. Nos dice el poeta que de nada tiene que arrepentirse. Que, si volviera a sus orígenes, no vacilaría en armar estos mismos textos porque lo hicieron salir al mundo con la frente en alto. Son textos donde la poesía se dibuja. Aparece y desaparece entre el sentir de su identidad y sus convicciones ideológicas. Esto en vez de disminuirlo, lo consagra como un escritor de su tiempo y espacio. Hoy, la literatura de René Rodríguez Soriano ha logrado otras dimensiones. Sin embargo, el respeto a lo creado, a la línea estética de sus primeros cantos, lo resalta como escritor y lo realza como respetuoso a su propia palabra, a su deuda con el pasado y a su mirada sincera hacia el camino que tiene por delante. **Luis Beiro**

Esta edición de *Rumor de pez* de **René Rodríguez Soriano** está disponible desde los primeros días de agosto 2018. Edición y cuidado de *mediaIsla editores, ltd* kingwood, tx mediaisla@gmail.com

CPSIA information can be obtained
at www.ICGtesting.com
Printed in the USA
LVHW041950290323
742972LV00014B/1367

9 789993 469162